Dr. Angela Klopstech
Musik: C. G. Deuter

Frauen Leben

Weisheit & Poesie im Reigen der Archetypen

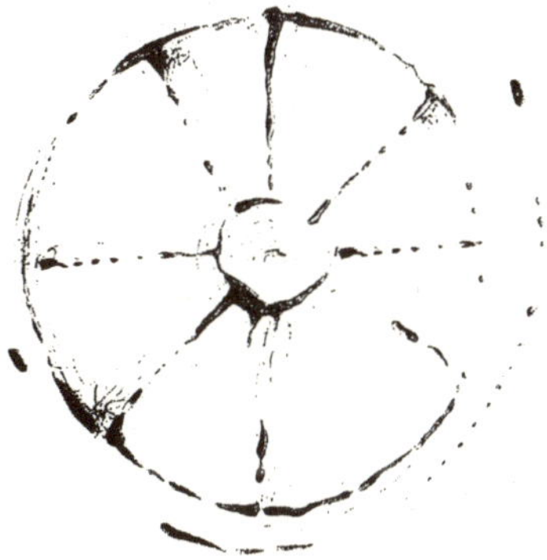

Arun

Arun-Verlag, Engerda 28, D - 07407 Uhlstädt-Kirchhasel,
Tel.: 036743/233-0, Fax: 036743/233-17,
info@arun-verlag.de, www.arun-verlag.de.

Buchgestaltung: Arun-Verlag, Kreismotiv von Cambra Skadé.
Text: Dr. Angela Klopstech.
Musik: komponiert, gespielt und produziert von Deuter.
Sprecherin: Dorothea Gädeke.
Gesang: Annette Cantor.

Gesamtherstellung: GGP Media GmbH, Pößneck.

ISBN 978-3-86663-025-3

Inhaltsverzeichnis

1) Einstimmung

Du wirst dich auf eine Entdeckungsreise in dein Selbst begeben.
Setz dich dafür bequem auf einen Stuhl,
lege dich auf auf den Boden, auf eine Couch oder ins Gras.
Lasse dir Zeit, die Position zu finden,
die heute für dich bequem ist.
Lasse deinen Körper volles Vertrauen in seine Unterlage finden.

Du magst die Augen schließen wollen,
und dich so ganz deinen inneren Bildern überlassen.
Spüre, wie deine Augenlider sich schließen,
Sie setzen eine freundliche Grenze zur Aussenwelt,
Erlebe, wie sich deine Aufmerksamkeit nach innen wendet.
Du bist hier.
Jetzt geht es nur um dich.
Du begibst dich auf eine Entdeckungsreise zu deinem weiblichen Selbst – du wirst spüren, fühlen, denken, sagen, jubeln:
Ich bin eine Frau.
Lasse dich tragen vom Fluss der Worte und der Musik.
Spüre deinen Atem,
mit jedem Einatmen sammelst du Energie und mit jedem Ausat-

men lässt du die Energie durch deinen ganzen Körper strömen ...
immer wieder ...
Jeder Atemzug ist wie eine Welle,
die dich sicher auf dem bewegten Fluss des Lebens trägt.
Spüre dein Herz,
es pumpt das Elixier des Lebens durch deinen Körper,
... immer wieder ...
Jeder Herzschlag ist wie ein Trommelschlag auf der großen Trommel des Lebens: Ich bin da, ich bin lebendig.
Spüre deinen Körper,
du wohnst in deinem Körper, er ist dein Haus ein Leben lang.
Dein Körper wird schwer, deine Muskeln entspannen sich, dein Atem wird langsam.
Die Gedanken des Alltags rücken in die Ferne ... mehr und mehr.
Du wendest deine Aufmerksamkeit nach innen und überlässt dich deinen inneren Bildern.

Langsam entsteht ein Bild vor deinem inneren Auge, unscharf zunächst, dann wird es klarer und klarer ...
Eine Frau kommt auf dich zu.
Sie sieht dich an, ihr Blick ist offen und tief, ihr Mund und ihre Wangen lächeln dich an.
Sie beugt sich dir zu und legt ihren Arm um deine Schultern,
du spürst die Wärme und Weichheit ihrer Haut.
Du lehnst dich an,
Du fühlst dich beschützt und geborgen und du spürst,
dass du nicht allein bist ...
Gleichzeitig spürst du deine Beine,
weisst das sie dich sicher tragen.
Du bist geborgen *und* du stehst auf deinen eigenen Füßen.
Du bist geborgen *und* du bist selbst-ständig.
Ein Glücksgefühl rieselt durch deinen Körper, du atmest auf.
Ein kleiner Seufzer löst sich in deiner Brust,
löst sich von deinen Lippen
und deine Musken lassen los, entspannen sich.

Du spürst wie sich wohlige Wärme und Schwere in deinem Körper ausbreitet,
vom Scheitel bis zur Sohle, ... mehr und mehr.

Du spürst und siehst dich im Kreis anderer Frauen,
du siehst ihre Gesichter, du hörst ihre Stimmen,
du spürst die Wärme ihrer Körper,
die Magie des Kreises nimmt dich gefangen.
Sieh die Frau an deiner Seite, sieh dieFrau dir gegenüber.
Einige Gesichter magst du erkennen, da sind vertraute Gesichter,
andere Gesichter vermagst du nur schemenhaft zu erkennen.
Da sind Frauen aus deiner eigenen Geschichte,
aus deiner Familie:
Deine Mutter, deine Großmütter, vielleicht deine Urgroßmütter,
deine Töchter und Schwestern,
da sind die Frauen der Weltgeschichte,
da sind die Frauen, die du aus Märchen kennst,
aus Deinen Träumen,
Frauen, denen du begegnet bist in deinem Leben und Frauen,
von denen dir erzählt wurde ...
Jede Frau ist anders, jede Frau ist einzig-artig,
du bist einzig-artig!
Und alle sind verbunden miteinander im Kreis,
uraltes Symbol von Verbundenheit und Zugehörigkeit,
eine Reihe von Frauen ohne Beginn und ohne Ende.

Du weisst dich aufgehoben, du gehörst dazu,
dies ist dein sicherer Ort.
Hierhin kannst du immer zurück,
und in deinem Herzen spürst du mit Staunen und Ehrfurcht,
doch voller Gewissheit,
dass du eine Frau bist.
Und Du sagst „Ich bin eine Frau“ ...
und du lauscht dem Klang deiner Worte nach.
Und noch einmal „Ich bin eine Frau“ ... Lausche nach, wie deine Stimme klingt, zögernd oder leise oder kraftvoll oder jubelnd.

Du bist eine Frau!

In dir lebt die Erfahrung aller Frauen,
mit ihren Sonnenseiten und ihren Schattenseiten.
Du birgst in dir unterschiedliche Facetten von Frausein.
Aus diesen unterschiedlichen Facetten schöpfst du in in den verschiedenen Phasen und Situationen deines Lebens deine Kraft und deine Weisheit.
Ihr Zusammen- und Wechselspiel lässt dich zu der einzig-artigen Frau werden, die du bist.
Begib dich auf die Reise, eine Entdeckungsreise zu dir selbst.
Sei neugierig,
sei wach,
und sei achtsam und liebevoll zu dir.

Lasse dich tragen vom Fluss der Musik und der Worte.
Du magst unterwegs verweilen wollen, bei einem Satz, einem Bild, das dich besonders berührt.
Tu das und folge deinem eigenen Prozess.
Dein Körper mag sich spontan bewegen wollen,
lasse ihn seinem Impuls folgen.

Der Kreis der Frauen öffnet sich,
du trittst heraus.
Und während du den ersten Schritt auf deiner Reise tust,
spürst du in deinem Rücken die machtvolle Gegenwart
der Frauen, hörst du in deinen Ohren ihren Chorus.
Sie wünschen dir Selbstvertrauen.
Sie rufen dir Mut zu.
Du lässt dich segnen und machst dich auf deinen Weg.

2) Das Mädchen

Das Leben ist schön.
Ich öffne die Augen, weit.
Alles ist neu, alles ist erstmalig, alles ist einmalig.
Das ist die Welt! Das Leben ist schön!
Noch verstehe ich nichts, noch weiss ich nicht um Zeit und Raum, ich bin neugierig,
neu-gierig ...
Da ist Licht, da sind Farben, da ist Bewegung.
Ich höre und ich rieche und ich lache und ich greife,
das Leben ist schön!
Ich bin, ich muss nichts tun als da sein, ich werde versorgt.
Ich bin!

Du bist meine Mutter:
Dein haltender Arm, deine liebevollen Augen und deine warme Stimme heissen mich auf dieser Welt willkommen, durch deinen Körper erfahre ich meinen Körper.
Weil du mir Deinen Körper in Liebe zur Verfügung stellst, weiss ich um meinen Körper und kann ihn lieben.
Weil Du mir Liebe, Aufmerksamkeit und Beachtung schenkst, lerne ich Achtung vor anderen, vor den Menschen und Tieren,

den Pflanzen und Dingen.
Ich bin deine Tochter.

Der süße Geruch deiner Haut wird immer mit mir sein, mein Körper wird sich erinnern an den Halt deiner Arme und der Klang deiner Stimme bleibt meinem Ohr vertraut. Der Glanz in deinen Augen, wenn du mich ansiehst, bleibt als Sonnenstrahl in meinem Herzen.
Und jetzt will ich in die Welt zum Leben und Spielen.
Meine Zeit ist jetzt.
Ich rufe in die Welt und die Welt antwortet.

Ich spiele im Sonnenschein,
spiele Fangen mit den Sonnenstrahlen, sie erzählen mir von der Welt, vom Wind, vom Regen, von den Wolken, von der Nacht, von den Sternen.
Noch sprechen die Blumen und Tiere zu mir.
Ich lächele die Rose an, sie beugt ihr Haupt zu mir und öffnet ihr Knospenherz.
Ich berühre das Gras mit meinen Lippen und
es wächst schweigend zur goldenen Ähre.
Die Bienen summen mir von ihrem Tagwerk.

Du bist mein Vater:
Du lehrst mich das Jauchzen.
Du wirfst mich in die Luft und fängst mich mit deinen kräftigen Händen wieder auf. Deine Kraft macht mich sicher und frei.
Dein fröhliches Lachen verscheucht die bösen Träume der Nacht.
Du nimmst mich an die Hand und die Welt ist in Ordnung.
Ich bin deine Tochter.
Ich bin ein Mädchen.
Ich bin geliebt von meiner Mutter und meinem Vater.
Sie haben mir das Leben geschenkt.
Ich werde das Leben annehmen mit seinen Höhen und Tiefen, mit seiner Tragik und seinem Glück, ich werde lachen und singen, ich werde trauern und weinen.

Ich werde mir das Wissen um die Sonnenstrahlen bewahren, selbst in dunkler Zeit ... Ich liebe das Leben.

Ich bin ein Mädchen. Ich bin leicht.
MeineBewegungen sind spielerisch, ich hüpfe und springe und weiss, die Erde unter mir fängt mich wieder auf.
Auf und ab, vorwärts und seitwärts, ich hüpfe und springe und renne in alle Richtungen dieser Welt, meiner Welt.
Meine Arme schwingen im Wind, ich schaue umher, und mein Mund singt ein Lied.

Ich entdecke die Welt.
Ich entdecke meine Angst und meinen Mut.
Ich entdecke meine Klugheit und meine Beharrlichkeit.
Ich entdecke! Ich will wissen!
Später werde ich lernen von Zeit und Raum, von Endlichkeit und Verbindlichkeit, ... später ... später werde ich erwachsen sein. Jetzt hüpfe ich von Augenblick zu Augenblick. Zeitlos ...

Und ich weiss auch von der Verlockung, bis in alle Ewigkeit mit den Sonnenstrahlen spielen zu wollen und von der Gefahr an den großen Aufgaben des Lebens vorbeizutanzen ... später werde ich erwachsen sein.

Mutter, noch bin ich Mädchen, doch bald bin ich eine Frau:
Ich sehe deinen Körper und ich weiss,
ich werde auch Brüste haben wie Du, und runde Hüften.
Heimlich probiere ich deine Schuhe an, viel zu groß noch, und deine bunten Kleider, ich möchte dir ähnlich sein. Und ich möchte doch ganz anders sein als Du.
Ich werde einen Weg finden, es anders zu machen als Du, meinen Weg. Und ich wünsche mir, das Du mich für beides liebst, für meine Andersartigkeit und meine Ähnlichkeit zu dir.

Ich bin ein junges Mädchen im Kreise von Frauen, zum ersten Mal!

Sie erzählen mir, sie lehren mich, sie sehen mich an und lachen dabei, ein lautes, fröhliches, offenes Lachen.
Ich sehe ihre Gesichter, junge Gesichter, prall von Leben und offen in Neugier ... und alte Gesichter, voll gelebter Geschichte und Weisheit.
Ich höre ihre Stimmen, dunkler und voller als meine, die noch hell ist wie bei einem Kind; unsere Stimmen vermischen sich zu einem mächtigen Chor: Ich bin aufgenommen ...
Und nun öffnet sich der Kreis, ich löse mich, richte mich auf und gehe hinaus in die Welt, gehe meinen Weg ...
in meinem Ohr der machtvolle Chor aller Frauen.

3) Die Gefährtin

Ich bin die Geliebte des Mannes und ich bin die Freundin und Schwester der Frau.
Ich weiss darum, dass jede Beziehung ihre eigenen Gesätzmäßigkeiten hat.
Ich weiss, was zu jeder Beziehung gehört, was sie lebendig macht und ich weiss, wann eine Beziehung sich erfüllt und vollendet hat.

Ich erwecke das Eigene und das Einzigartige in dir.
Ich weiss, was an dir besonders und wertvoll ist.
Ich kenne deine Neigungen und Sehnsüchte, dein Begehren und deine Angst, deine Sonnen – und deine Schattenseiten.
Ich kenne deine geheimen Wünsche.

Unsere Beziehung ist groß, unsere Beziehung ist wichtig.
Lass mich dir zeigen, wie wir unsere Freundschaft und
unsere Liebe auskosten können,
in all ihren Möglichkeiten und Nuancen,
vom Himmel bis zur Erde,
am Tag und in der Nacht,
himmelhoch jauchzend und zu Tode betrübt.

Ich bin deine Geliebte, du bist mein Geliebter,
alles andere ist unwichtig.
Wenn du bei mir bist, bin ich glücklich.
Ich wende mich dir zu, sehe dir in die Augen
und lese in deiner Seele.
Ich wende mich dir zu, küsse deinen Mund
und mein Herz wird weit.
Ich berühre deinen Körper und vergesse die Welt.

Ich erwarte dich und du wirst kommen.
Ich bereite mich vor auf die Stunden mit dir.
Ich schmücke mich und salbe mich mit duftenden Ölen,
nur für dich. Ich bin schön für dich.
Warmes Kerzenlicht, sanfte Musik, deine Lieblingsmusik, ...
ein weiches Lager, alles ist bereit.
Mein Herz schlägt schnell, mein Blut rauscht, mein Ohr kennt deinen Schritt.
Du bist da, wir versinken ineinander, unsere Körper und Seelen verschmelzen, wir sind *Eins* ... und doch wieder du und ich.

Ich bin das sanfte Begehren.
Ich nehme dich auf, immer wieder.
Sanft und kräftig ziehe ich dich an mich und in mich.
Ich umfange und umschließe dich.
Ich bin das Gefäß, in das du dich ergießt.
Ich erkenne dich. Und ich erkenne mich in dir.
Bei dir bin ich ganz Frau.
Ich bin schön, ich bin sanft, ich bin wild, ich bin *Alles* ... Ich bin ...
Ich bin deine Geliebte.

Ich weiss, was du brauchst, wonach du suchst,
ich bin deine Geliebte,
ich bin deine Seelenverwandte,
ich bin deine geistige Gefährtin,
ich bin deine Muse,
ich bin deine Inspiration,
ich bin deine Be-geisterung.

Ich bin wie ein Schmetterling,
ich bewege mich schnell und leicht.
Ich tanze hin und her, hin zu dir, ich umtanze und umgarne dich,
hin zu dir.
Mein Lächeln lockt dich, meine Augen strahlen dich an,
mein Kopf ist geneigt zu dir.

Und ich? Wer bin ich? Habe ich mich verloren?
Solange ich für dich leben kann, bin ich lebendig.
Wenn du nicht da bist, wenn du mich nicht erkennst, anerkennst,
bewunderst, liebst, dann ...
dann muss ich mich suchen und selbst finden.
Ich weiss, dass ich nicht endlos auf den Prinzen warten kann,
der mich wachküsst, ... ich werde mich selbst erwecken.
Und ich kann mich selbst erwecken, ich erwecke das Eigene,
das Einzigartige, das Beste in mir.

Die Zeit ist auch neu, die Zeit ist anders.
Jetzt wende ich mich auch Frauen zu ...
in Freundschaft und in Liebe.
Da ist ein Füllhorn, voll von weiblichen Fähigkeiten, und Leidenschaften, ein Füllhorn, zu lange verschlossen, ein Füllhorn, das endlich überfließt:
Frauen hören auf Frauen, Frauen lesen Frauen, fördern Frauen, schätzen, bewundern und lieben Frauen.
Wir sind Schwestern und Freundinnen,
wir lachen zusammen und stehen einander bei.
Wir sind wild und ungezähmt.
Wir sind empfindsam und wir sind klug.
Wir erkennen das Eigene und das Beste in uns,
wir sind schön für uns, wir spiegeln uns.
Wir bemuttern uns und wir beflügeln uns, ... du und ich.
Wir sind anders und wir sind uns gleich.
Wir konkurrieren miteinander und wir imitieren einander.
Diese Erde ist groß genug für uns alle.

Und wenn du Kummer hast mit deinem Geliebten und wenn du dich allein fühlst, dann komm zu mir.
Ich höre dir zu, ich kenne deinen Kummer,
denn auch ich habe ihn erlebt.
Es tut dir gut, dass du dich verstanden weisst,
verstanden von einer Frau.
Du spürst, wie sehr du das brauchst, wie wohltuend und einfach es ist, dich wiederzufinden bei einer Frau.
Und ich weiss, wie ich dich wieder zum Lachen bringe,
wir lachen zusammen!
Du siehst mir ins Angesicht und du spürst wie deine Lebenslust wieder erwacht.
Du hast dich selbst wieder erweckt;
entdeckt und erweckt zur Lust am Leben.

4) Die Mutter

Ich nähre und unterstütze; ich halte, berge in meinen Armen und meinem Schoß alles, was jung ist und wächst.

Ich halte meine Kinder in meinen Armen,
umhülle und schütze sie mit meinem Körper.
Ich wache über ihren Schlaf und freue mich über ihr Wachstum.
Als Mutter freue ich mich, wenn du sagst:
ich bin froh, ich selbst zu sein!
Ich schütze alles, was im Wachsen und Entstehen ist,
in mir und in anderen,
meine leiblichen Kinder,
meine Gedankenkinder,
meine Ideen,
meine Freundschaften,
meine Aufgaben und Projekte.

Ich bin wie eine Gärtnerin.
Ich säe, wenn es an der Zeit ist, ich gieße meine Pflanzen und wende sie zur Sonne, schütze sie vor Wind.
Ich habe Geduld. Meine Ernte ist gewiss.

Ich habe meine Hände gern in der Erde, in dunkler, feuchter. körniger, klumpiger Erde.
Erde, das sind Jahrtausende von entstandenen, vergangenen und wieder entstandenen Pflanzen, und Menschen und Tieren.
Erde ist die gebährende Mutter und Hüterin allen Lebens.
Die Erde ist unser aller Mutter.

Die Erde, der Boden unter unseren Füßen, trägt uns heute, so wie uns unsere Mutter einmal getragen hat.
Selbstvertrauen ist immer Urvertrauen ist immer Erdvertrauen.

Ich bin mit der Erde verwurzelt.
Meine Füße liebkosen den Boden bei jedem Schritt,
sie wissen, sie können sich auf ihn verlassen.
Meine Bewegungen sind weich und fließend.
Meine Arme runden sich gern in Erinnerung an die vielen Kinder, die ich getragen habe.
Ich verneige mich tief
und danke dem Leben für dieses Geschenk.
Ich danke dem Leben, dass ich empfangen durfte.
Meine Wangen lächeln, meine Augen verstrahlen Wärme.

Ich bin ein Gefäß.
Ich behalte und trage in mir, was ich geboren habe, meine leiblichen Kinder und meine Gedankenkinder. Meine Kinder sind weit in der Welt, haben vielleicht selbst schon Kinder.
So soll es sein, so ist es richtig.
Doch ich trage die Erinnerung in mir, bin bei ihnen mit meinen schützenden Gedanken.

Doch frage ich mich manchmal, ob ich nicht zu sehr festhalte und übermäßig beschütze, ... mich selbst und andere.
Dann werden meine Arme zu Klammern und ich drohe das Leben zu ersticken, dasselbe Leben, das ich doch fördern möchte.
Ich spreche dann nicht mehr zu dir,
sondern ich bevormunde dich.
Ich werde blind dafür, wer du ganz persönlich bist.

Ich muss meine Söhne lieben und loslassen, damit sie Männer werden können. Ich muss meine Töchter lieben, loslassen und mir ähnlich sein lassen, damit sie Frauen werden können.

Ich bin Mutter für alles, was im Wachsen und im Entstehen ist.
Ich bin auch immer, und immer wieder,
Mutter für dich, das kleine Mädchen in mir.
Ich strecke meine Arme nach ihr dir aus
und du rennst, du fliegst hinein.
Ich drücke dich an mich, spüre dein klopfendes Herz.

Du bist das kleine Mädchen in mir.
Du brauchst mich, damit ich dich nähre und schütze, dich tröste.
Du brauchst,
dass ich dich bei der Hand nehme,
dir die Welt erkläre, Brücken in die Welt baue,
dich dann losslasse am Fuß der Bücke,
dass du dann gehst in dieses wunderbare Abenteuer *Leben*,
mit meinem Segen und meinen guten Wünschen.
dass du weisst, du kannst immer zurück kommen.
Du brauchst,
dass ich ermutige und unterstütze.
Du brauchst,
dass ich für dich da bin.
Ich bin da für deinen Zorn und deine Angst,
deine Freude, deine Scham.
Ich liebe dich und ich lasse dich das wissen.
Ich freue mich an dir und bin stolz darüber, wie du wächst.

Ich freue mich, dass du so lebendig bist und ich verspreche dir, dass ich mein Bestes tun werde, damit es immer so bleibt.

Ich bringe dich an den Rand des warmen Nestes.
Das Herz ist mir unendlich schwer, doch ich lasse dich fliegen.
Flieg! ... Und du fliegst ... und fliegst ... und fliegst!
Habe eine gute Reise ins Leben!

5) Die Amazone

Das Leben ist voller Vielfalt.
Es gibt soviele Aufgaben. Ich kann sie lösen.
Es gibt soviele Kämpfe. Ich kann sie kämpfen.
Ich liebe Aufgaben, Kämpfe, Dinge.
Ich liebe das Tun.
Ich stehe mit beiden Beinen fest auf dem Boden.
Ich bin selbstständig.
Ich habe viel errreicht und ich bin stolz darauf.
Und ich bin stolz darauf, eine Frau zu sein.

Ich habe ein ehrgeiziges Herz.
Ich bin stolz.
Ich bin hellwach.
Ich weiss, was zu tun ist.
Ich tue es gern und ich tue es gut, du kannst dich auf mich verlassen. Verlässlichkeit ist meine Stärke.
Ich tue es schnell, dann ist es getan.
Geduld ist nicht meine Stärke.
Das Leben ist schnell.
Mich reizt das Neue, das Unfertige, das Neuland, der Umbruch.
Meine Schritte sind schnell, mein Haupt ist erhoben.

Ich habe mein Ziel im Auge und bewege mich ohne Umschschweife darauf zu.
Ich liebe den Gegenwind in meinem Haar.
Ich sehe allem und allen ins Auge.
Meine Stimme ist klar und meine Worte sind kurz.

Auf meiner Fahne steht *Unabhängigkeit*:
Ich halte die Fahne hoch.
Auf meinem Schild steht *Kampfbereitschaft*:
Ich trage mein Schild vor mir her.
Unabhängigkeit auch zu hohem Preis und
Kampfbereitschaft zu jeder Zeit.

Ich kämpfe nicht nur für mich allein, ich kämpfe für alle Frauen.
Für mich und meine Schwestern ziehe ich in den Geschlechterkampf ... auf den großen Kampfplatz des Lebens.
Ich suche Mitstreiterinnen.
Machst du mit?
Magst du mit mir Seite an Seite schreiten und kämpfen?

Kennst du die Geschichte der Amazonen,
einem Stamm von selbstbestimmten und kriegerischen Frauen?
Die Amazonen opferten eine Brust,
um besser mit dem Bogen zielen zu können;
um besser gegen Männer in den Krieg ziehen zu können.
Ich bin froh, dass ich heute lebe und heute Frau bin.
Ich kämpfe für Frauen und nicht gegen Männer.
Ich muss keinen Teil meines Körpers und meines Selbst opfern, um erfolgreich zu sein.
Ich will kein Mann sein, ...
und ich will nicht so sein wie ein Mann!
Ich bin dem Manne ebenbürtig, stark und erfolgreich als Frau.
Ich bin stolz und erfolgreich und ich bin Frau.
Eine weibliche Frau!

Die Liebe zu einem Mann macht mich verletzlich.
Bin ich *nur eine Frau*, wenn ich dich liebe?
Ich kann dich nur lieben, wenn du nicht Unterwerfung von mir forderst.

Schwäche und Furcht sind meine schwierigsten Gegner.
Aber ein Sieg über sie wäre mein Tod. Ich kann und darf sie nicht besiegen, ich muss sie zu Freunden machen.
Sie sollen meine ständigen Begleiter sein.
Nur wenn ich meine Schwäche und meine Furcht kenne,
bin ich wirklich stark.

Ich weiss auch um die Gefahr, dass ich mich in die Macht verliebe und nur noch Macht begehre, denn dann versiegt meine Liebe zu den Menschen, mein Kämpfen wird sinn-los und mein Leben wird trocken und flach.

Das Leben ist voller Vielfalt.
Das Leben ist voller Herausforderungen,
Ich diene dem Leben.
Ich diene den Menschen.

6) Die Seherin

Es gibt nicht nur eine Welt!
Da ist die Welt der offenbaren Wirklichkeit
und da ist die Welt des mystischen Unbewussten.
Da ist die sichtbare und die unsichtbare Welt.
Da ist die Oberfläche der Welt und da ist der Urgrund der Welt.

Ich bin die Brücke zwischen den Welten.
Ich stehe zwischen der realen Welt und der mystischen Welt.
Ich bin zwischen dem Bewussten und dem Unbewussten.
Ich empfange und vermittle, ich bin in der Mitte.
Meine Heimat ist immer *dazwischen*,
Zwischen Vernunft und Gefühl, Materie und Geist, Wort und Bild.
Ich *höre* Dinge, *sehe* Dinge und *weiss* was kommen wird.
Ich bin von dieser Welt,
doch kenne ich den Ursprung und die tiefe Seele.
Ich weiss um die geheimen Strömungen des Lebens.
Ich bin Seherin, Prophetin, Priesterin, Kassandra, Schamanin,
Medizinfrau, Hebamme, Medium, gute Fee, Hexe, Therapeutin.
Ich bin die Geschichtenerzählerin. Ich spinne und webe.
Ich spreche aus deinen Träumen und Tagträumen.
Ich bin die Dämmerung, ich bin zwischenTag und Nacht.

Manchmal stehe ich wie ein Fels, aufrecht und unbeweglich, die Augen fest auf den Horizont gerichtet.
Ich kenne die Last der Wahrheit und stehe zu ihr.
Manchmal irre ich umher,
meine Füße suchen den Boden,
meine Augen sehen nach innen,
ich kann nicht ruhen ...
noch *sehe* ich nicht, noch *weiss* ich nicht ...

Kennst du deinen tiefen Seelengrund?
Kennst du die Macht deiner Träume?
Weisst du deinen Weg?
Vertrau deinem Instinkt! Vertrau deiner Intuition!
Lass dich von deinen Träumen auf deinen Weg geleiten.
Geh in den dunklen Wald und vertraue, dass du den Weg hinaus finden wirst.
Lass dich in den tiefen Brunnen fallen und merke, dass das da Boden ist.
Steig auf den hohen Berg und empfange die göttliche Inspiration.
Die Mitte der Nacht ist der Beginn eines neuen Tages.

Du bist die Flamme, die hell und rein leuchtet und du bist der Herd, der die Flamme hütet.
Die Flamme leuchtet und verkündet, sie zieht ihre Kraft aus dem Ursprung, dem Herd, der die Glut bewahrt.
Wenn du dein Zentrum und deinen Ursprung bewahrst, wird deine Flamme nicht erlöschen,
Du wirst immer Glut unter der Asche finden.

Höre mir zu, lerne meine Sprache,
es ist nicht die Sprache der Worte.
Ich bin dein tiefes Wissen.
Ich weise dir den Weg, wenn du dich verwirrt hast im Labyrinth deiner Gedanken und dich verloren hast im Labyrinth des Lebens.

Dein tiefes Wissen kommt aus dem Bauch und dem Herz, nicht aus dem Hirn;
Instinkt und Intuition sind meine Begleiter.

Ich will und muss mitteilen, was ich weiss, das ist mein Sinn.
Ich ringe um Sprache,
die Sprache der klaren, konkreten Worte ist nicht meine Form.
Meine Sprache, meine Stimme ist anders, ...
ich suche nach Wegen, mich mitzuteilen, mich zu vermitteln.
Ich komme zu den Menschen als Geschichtenerzählerin.
Und ich komme durch Musik, die das Herz bewegt, mit Gesang, mit Leier und mit Trommel.

Ich bin Medium für alle Frauen, die auf der Suche sind,
für alle, die sich den tiefen Strömungen des Lebens anvertrauen.
Ich bin Seherin für alle Frauen,
die die Geheimnisse des Lebens entschlüsseln wollen.
Ich bin Priesterin für alle Frauen,
die dem Rhythmus des Mondes folgen.
Ich bin Hebamme für alle Frauen,
die aus ihrem Ursprung erschaffen,
die malen, schreiben, dichten, bildhauern, Musik machen ...
Ich bin die gute Fee für alle Frauen, die Ideen haben.

Früher nannten sie mich Hexe.
Sie hatten Angst vor meinem Wissen und vor meiner Kraft.
Sie haben mich verfolgt, gesteinigt, ertränkt und verbrannt.
Ich habe überlebt.
Heute kann ich mich bekennen, in aller Würde.
Ich bin eine Hexe.
Jetzt kann ich in aller Ruhe meine heilenden Kräfte wirken lassen.
Wir sind alle Hexen.
Wir wissen um die geheimen Dinge des Lebens.

Ich bin die Frau am Anfang und am Ende der Welt, am Anfang und am Ende der Zeit; ich bin gleichzeitig jung und alt.

Ich bin allein, nur mir selbst verpflichtet, gehorche keinem Herrn
und keinem menschlichen Gesetz.
Ich lebe meine Wahrheit, sterbe für meine Wahrheit.
Ich bin mir selbst treu.

Alles ist schon einmal gewesen.

7) Die Weise Alte

Ich habe alles schon einmal gesehen.
Ich kenne die Welt,
sie ist mir nicht neu, und doch erneuert sie sich Tag für Tag
und ich er-kenne sie wieder.
Alles geschieht zu seiner Zeit.
Ich weiss um die Zeit;
Zeit ist tief und lang,
Zeit ist Tradition und Kontinuität.
Zeit ist Weisheit und Zeit ist Neuigkeit.
Zeit ist Geschichte, meine Geschichte, deine Geschichte.

Die weise alte Frau ist *jenseits von Zeit*; sie kennt die Geschichte der Welt, der Menschheit ... und sie kennt alle Geschichten.
Sie weiss um die Vergangenheit, deine Vergangenheit, deine Kindheit, deine Jugend, dein Erwachsensein, um dein Alter.
Sie ist ist in deinen Träumen, sie erzählt dir Geschichten,
sie begleitet dich durchs Leben und ist dir Ratgeberin.
Höre auf sie!
Sie birgt die Vergangenheit und Weisheit aller Frauen in sich,
hinter ihr ist die lange Reihe unserer weiblichen Ahnen.

Von Ferne kommt eine Frauengestalt auf dich zu ...
Ihre Bewegungen sind langsam und gelassen,
ihr Gang ist würdevoll.
Ihre Augen ruhen auf deinem Gesicht ...
sie kommt näher und näher, ...
eine Aura von sanftem, tiefem Licht umströmt sie,
du siehst ihr langes dunkles Gewand,
sie kommt näher und näher, ...
und du siehst ihr gütiges Gesicht,
von vielen Runzeln durchzogen ...
Es ist die weise Alte ...
Du spürst auf deiner Haut die Wärme ihres Lichtes, ...
du lässt die Wärme tiefer in dich einsinken.
Du hörst ihre dunkle Stimme,
sie hüllt dich ein in einen samtenen Mantel,
ihre weisen Augen sehen dich an und du spürst,
wie sich in deinem Herzen Wärme ausbreitet,
die Wärme strahlt in deinen Brustkorb und
rieselt durch deinen gesamten Körper.
Du fühlst dich gehalten von ihrem Blick ...
du spürst mit wachendem Erstaunen und Beglückung,
dass du dich gesehen fühlst, mit all deinen Facetten und
in all deiner Einfachheit, ...
du bist angenommen mit deinen Sonnen- und deinen Schattenseiten.
Sie tritt auf dich zu und lässt ihre Hand langsam über dein Gesicht gleiten,
leicht wie eine Feder,
und doch lässt die Berührung dich am ganzen Körper erbeben.
Du bist erkannt und du bist gesegnet.

Du weisst jetzt, wie tief und alt und reich eure Verbindung ist.
Du bist ihr schon früher begegnet,
aber du konntest sie noch nicht erkennen ...
und du konntest ihre Stimme noch nicht in dir hören,
du hattest Angst vor dem Alter.

Hast du auch jetzt Angst vor dem Alter?
Dann höre auf die Stimme deiner weisen Alten:

Alles hat im Leben seinen Platz und seine Zeit:
Jugend und Alter,
Schönheit und Weisheit,
Freude und Leid,
Spiel und Ernst,
Licht und Schatten,
Geburt und Tod.
Ich habe gelacht und geweint, gefeiert und getrauert, geliebt und gehasst.
Ich habe den Augenblick genossen, das Leben in Fülle gelebt.
So bin ich jetzt in Frieden mit meinem Leben,
in Frieden mit mir, so wie ich bin
und in Frieden mit der Welt, so wie sie ist.
Ich weiss um Anfang und Ende, ich weiss um die Ewigkeit.
So kann ich nehmen, was ist und was kommen wird.

Du weisst, dass ich dich dein ganzes Leben lang begleite,
dass meine Weisheit in dir lebt.
Sieh nur hin,
höre nur zu,
rufe mich zu dir und ich werde da sein.
Ich bin dir treue Freundin, zähle auf mich.
Ich gebe dir Gelassenheit und Seelenfrieden.
Du kannst mich rufen, wenn du mich brauchst.

Die weise Alte lächelt dich noch einmal an,
dreht sich um und geht.
Du hast sie immer gekannt, wenn auch in anderer Gestalt.
Du kennst sie aus aus Märchen, aus Geschichten und aus deinen Träumen.

Du siehst ihr nach und verneigst dich,
verneigst dich vor dem Alter.

8) Ausklang

Du hast gerade eine Entdeckungsreise zu deinem Selbst gemacht.
Auf dieser Reise bist du – in der Gestalt von Archetypen – verschiedenen Wesensanteilen von dir begegnet:
dem Mädchen,
der Mutter,
der Geliebten und der Freundin,
der Amazone,
der Seherin und
schließlich der weisen Alten.
Jede Visualisierung der CD stellt dir eines dieser archetypischen Bilder vor, du kannst dich jeweils einzeln mit ihnen beschäftigen, anfreunden, auseinandersetzen; du kannst aber auch jedes Stück der CD unabhängig von den anderen anhören.

Du wirst dich in den unterschiedlichen Archetypen wiedererkannt haben, in einigen mehr, in anderen weniger. Wahrscheinlich wusstest du schon vorher von deinen vielen Facetten, selbst wenn du sie nicht in Worte oder Bilder fassen konntest ... oder dir eingestehen konntest!

Es mag sein, dass das eine oder andere archetypische Bild dich besonders angesprochen hat, dich zum Nach-denken, Nach-sinnen bewegt hat, Wünsche oder auch Abwehr in dir weckt.
Dann wird es wichtig sein, dass du dich mit diesem Wesensanteil von dir näher beschäftigst, ihm mehr Raum gibst und mehr Zeit widmest.
Höre dir dieses Stück der CD mehrmals an.
Und lasse dich umhüllen und erfüllen von der Atmosphäre des archetypischen Bildes, das für dich jetzt im Vordergrund steht.

Deinen unterschiedlichen Facetten liegen Archetypen zugrunde, sechs davon bist du auf deiner Entdeckungsreise begegnet.
Archetypen sind allgemeingültige und zeitlose Muster und Bilder, die aus dem gemeinsamen Seelengrund der Menscheit stammen, Muster, die von Urbeginn gültig sind, für jeden Zeitraum und für jeden Winkel der Erde. Diese universellen Muster wiederholen sich ewig in jedem einzelnen Menschen und bestimmen in ihrem Zusammen- und Wechselspiel, wie du dich in der Welt erlebst und bewegst.

Du birgst in dir unterschiedliche Facetten, die du im Verlauf deines Lebens weiterentwickelst.
Das Zusammen- und Wechselspiel dieser Facetten lässt dich zu der vielseitigen, inkonsistenten und einzigartigen Frau werden, die du bist.
Auf deiner Entdeckungsreise zu den unterschiedlichen Facetten deines Selbst hast du die machtvolle Kraft gespürt, die von den archetypischen Bildern ausgeht.
Diese Kraft hat ihren Ursprung in unserem gemeinsamen Seelengrund, dem unermesslichen Schatz aller Menschen; von dorther verstärkt die universelle Kraft deine eigene Kraft.

Jedes Mal, wenn du dich auf die Entdeckungsreise begibst, – ob morgen oder in einer Woche, in einem Monat, in einem Jahr –, wirst du die tragende und inspirierende Kraft der Archetypen in dir spüren.

Andere Facetten als heute mögen sich dann für dich in den Vordergrund schieben, ... weil sich deine Lebenssituation verändert hat oder weil du in einer anderen Phase deines Lebens bist.
Und es wird ein oder zwei Archetypen geben, die dir auf jeder Reise besonders vertraut sind, die dich dein Leben lang begleiten.

Du bist eine Frau.

Du sprichst viele Sprachen, die Sprache der Wörter und die Sprache der Töne, die Sprache des Körpers und die Sprache der Träume, die Sprache der Mythen und Märchen.
Du verstehst viele Sprachen, du denkst, fühlst, spürst, lachst, weinst, spielst, gestaltest, spinnst, webst, räufelst das Gewebte wieder auf ...
Du bist Mädchen und Mutter, Geliebte und Freundin, Amazone und Seherin, weise alte Frau, ... in immer wieder sich änderndem Zusammenspiel, dein Leben lang!

Diese CD widme ich meiner Mutter
und allen anderen Frauen in meinem
Leben, die den Mut haben,
ihr Frau-Sein mit Herz
in dieser Männerwelt zu leben.

Deuter

Diese CD ist den beachtlichen Frauen
meiner Familie gewidmet, einige kenne
und kannte ich noch selbst, andere sind
mir aus Erzählungen vertraut.

A. Klopstech

Inhalt der CD

1) Einstimmung	8:58
2) Das Mädchen	8:15
3) Die Gefährtin	8:25
4) Die Mutter	7:50
5) Die Amazone	8:32
6) Die Seherin	8:43
7) Die Weise Alte	8:33
8) Ausklang	6:30

Spieldauer/min 65:46